Équinoxe de l'amour

Équinoxe de l'amour

Équinoxe de l'amour

Arthur Celette

Edition: BoD – Books on Demand,
12/14 rond-point des Champs-Élysées, 75008, Paris,
Impression: BoD – Books on Demand, Norderstedt,
Allemagne.

ISBN : 9782322127177

Dépôt legal : Janvier 2019

Équinoxe de l'amour

Équinoxe de l'amour

Automne

Équinoxe de l'amour

Aujourd'hui dès l'aube

Je me lève et je suis amoureux,
J'oublie l'importance de ces jeux,
Je ne suis plus un être de glace,
Je peux enfin me regarder dans la glace,
Depuis que tu t'y trouves à mes côtés,
Pendue à mon épaule prête à m'embrasser,
Oui j'ai finalement atteint l'ataraxie,
Contre toi à l'arrière d'un taxi,
Trouvant le temps long bloqué par d'autres,
Trouées seront nos poches quand quatre,
Seront les saisons de notre amour,
Quand la vie ne sera plus qu'un retour,
Éternel vers tes lèvres.

Hiver, comme la buée sur mes verres,
Printemps, comme ces narcisses florissants,
Été, comme ce que nous avons été,
Automne, comme la foudre sur moi qui tonne.

11h39

La pluie sur la vitre,
Piètre début par la nature,
J'en revins à ce que l'on est,
Tout donnant mes airs à ces signaux,
Laisse-moi vivre parmi ces égos,
La fin, connaître un élément à jamais,
Que l'on brûle mon enveloppe,
Ma lettre est celle d'un maudit cachet,
Les secrets d'une âme sont cachés,
Je m'adresse à Destinée envolée.

Il m'est venu que voute céleste,
N'était qu'un huis clos s'amusant de nos déraisons,
Qu'est-ce que sont ces liens de l'équation,
Je me suis amusé à toucher l'inceste,
On me condamne de l'aimer,
J'attends qu'on m'explique pourquoi devrais-je
complexer,
Je m'excuse à des textes qui se veulent loi,
La solution n'accepte pas de moi,
Pourtant le résultat n'est pas écarté.

Civilisation comme objectif,
Survivre n'est qu'un geste rétif,
Attention cet enfant pleurant,

Équinoxe de l'amour

N'a le droit de reproduire son sang,
Il est un danger pour la floraison,
Personne ne remet en question,
Cette manie de civiliser sans raison.

Trevithick

J'ai pris ce train,
Pour changer mon train de vie,
Les cernes marquent mon manque d'entrain,
Beaucoup de filles, mais rien ne me dévie,
J'attends que la machine avance,
Personne à côté de moi dans le wagon,
Mon ennui noyé dans une tasse,
La détermination élimine les compagnons,
On ne peut dire que je suis seul,
M'accompagne dans mon éclosion les tilleuls,
Je préserve mes conquêtes,
De comprendre cet homme sans tête,
Je m'excuse, mon train ne s'arrête pas,
Ou juste l'instant de quelques pas,
Amoureux de ceux qui le sont,
Comme si j'avais soixante ans,
Cette chimère fille de violons,
Dont je n'ai envie de manier réellement.

Ma vérité n'a qu'une face,
S'exposer à cette créature,
C'est risquer de perdre la face,
Trop occupé à mes aventures,
J'aime être sur le quai,
Prêt à disparaître, laissant mes laquais,

Équinoxe de l'amour

Vous transmettre ma légende,
Une épaisse brume solide,
Je défie la réalité,
Ne sachant où y exister.

On a rendu l'amour aux Hommes,
Pour lui éviter de vivre,
Dans mon esprit c'est Rome,
Pratiquant, pas croyant dans mes livres,
Je prends plaisir à caresser ses cheveux,
La locomotive les fera voler,
Peut-être suis-je peureux,
De cette drogue ne vouloir goûter,
Mes rêves n'ont leur place,
Au Paradis, c'est un paradigme,
Les femmes me ralentissent,
Ensemble on atteint le paroxysme,
Tout seul je m'épargnerais une chute,
Je suis un ange comme Satan,
Je vous laisse joueur de flûte,
La gloire ne s'attend.

Monte sur moi

Je ne vois plus que mes paupières,
Tes doigts serrant mes cheveux,
Me font comprendre ce que tu veux,
Je le ferai sans prière,
Évite de déchirer les draps,
Mon dos sera marqué de plaisir,
Des cicatrices me prolongeant dans ce délire,
À te faire crier, je suis en bas,
Tu me sors du jardin d'Éden,
Dégainant ce qui te transpercera,
Une mort digne d'une reine.

Je savoure l'instant où je t'enfonce,
Dans ce cercueil, t'arrachant de lents gémissements,
Ton corps répondant au mien plaisant,
Ta lèvre déchirée par la mienne ronce,
Je ne sens plus ta maternité,
N'échangeant plus qu'avec tes hanches,
Épousant tes fesses, elles ne sont plus blanches,
Je te tire les cheveux te faisant haleter,
Mon esprit vient de se perdre,
Dans ce toucher de trop de formes,
Un bonheur dans l'interdit hors norme,
Mis à mort de s'éprendre.

Équinoxe de l'amour

Enfin, l'un à côté de l'autre,
Nous réalisons la beauté de cet instant,
Dommage qu'il ne soit pas de sentiment,
Un baiser et j'irai en fantasmer une autre.

19/11

Un premier flocon,
Sur mon si petit front,
Ton cœur était mon son.

Nous perturbions tes nuitées,
Te demandant d'être allaité,
De l'endroit d'où vient aimer.

Tes colères sont le bruit de l'amour,
Nous dansions à en devenir sourd,
Rigolant pensant avoir de l'humour.

Tu voulais notre guérison par tes doux chants,
Qu'un jour nous arrivions à être Parent,
Sans lui, tu nous as recouverts de sentiments.

Je te délivre mes émotions,
Car sans toi, exister nous n'aurions,
Je te fais rire en jouant du violon.

Ma musique est toujours bleutée,
De tes prunelles émerveillées,
Toujours elle te sera dédiée.

Dernier bruit tambour,

Équinoxe de l'amour

Cœur devenu si lourd,
De te perdre toujours.

Un cri

Baladé de maison en appartement,
Laissez-moi le temps,
D'être un enfant,
14 mois tu es parti,
Ton absence s'est installée ici,
Vulgarisons votre défaite,
Quand je vous tiens tête,
Quelle chance d'avoir deux chambres,
Et double cadeau à noël,
Le regard luisant d'ambre,
À chaque début de sommeil,
J'ai compris qu'on est riche,
Que de ce qui est unique,
Devant le bonheur je ne triche,
À peindre ces lyrics,
Rattrapé par ces amis délocalisés,
On tapait dans un ballon pour se lier,
Jusqu'à ce ciel ocre,
Candide à goûter ce sucre,
Repris par le retour,
En amour c'est chacun son tour,
Défais la magie de l'été,
Quand il faut apprendre à partager,
Notre part d'inconscience,
Perdu en logistique des vacances.

Équinoxe de l'amour

Au milieu de cette rancœur,
Il y avait ma sœur,
Je me revois derrière ta porte,
N'arrivant à dormir de la sorte,
Elle me décale un oreiller,
Je veux être à tes côtés,
La seule à m'écouter,
À te dire je serais écrivain,
Sinon quelqu'un de bien,
Ma pire vision,
Cet hématome sur ton front,
Tu avais décidé de tenir,
Qu'importe les souffrances,
Tu encaissais ses errances,
Notre famille ta seule mire,
Je ne savais ce que c'était,
C'est pour ça que tu me changeais,
J'en oublie ce frère,
Au sang différent,
Qui connaissait mieux notre père,
Me montrant qu'il pouvait être aimant,
Je ne devais juste pas l'attirer,
Voué à se repousser,
À trop se ressembler.

Je cours vers toi,
Mais tu n'ouvres tes bras,

Équinoxe de l'amour

Qu'à ce qui est faux,
Comme le bas de leur dos,
Une figure maternelle,
Qui restera éternelle,
Pour me construire,
Tous les moyens sont bons,
À me détruire,
Je n'en dis pas long,
D'avoir fait ce vœu,
Au moins mille fois,
De voir papa et maman,
En tout lieu,
Sauf sur ce parking,
Passant le packaging,
Appuyé sur le temps d'avant,
Représenté par mes grands-parents,
Merci d'avoir éduqué,
Ce marmot perturbé,
Rebellé devant ces professeurs,
Ne connaissant pas sa douleur,
Juste vu intelligent,
Mais fainéant,
Attendant d'être,
Avant de devenir,
Pour grandir, il faut choisir,
Pour sourire, il faut naître.

C'est les ailes déployées,

Équinoxe de l'amour

Qu'on écrit chaque soir ;
Pourquoi des familles découpées,
Comme le fil des moires ?
Quand existence,
Ne rime plus avec romance.

Des secondes à l'éternité

L'image avant le son, par passion.

Des échanges au mieux salutaires,
Pour comprendre qui sont nos pères.

Soixante fois le précédent,
Et nous étions déjà amants,
Dans nos regards languissants.

Je voulais soutenir la lune,
Évitant ainsi sa chute,
Le temps contre qui je lutte,
Prendre le sablier et retourner la dune.

J'ai arrêté de combattre,
Face à cette montre,
Apprenant que chaque matin,
Tout ton être me revient,
Mesurant le poids des mois.

Une demande nous liant,
Jusqu'à la mort du vivant,
Laissant passer les ans,
Se mêler aux rires de nos enfants,
On est devenus parents,

Équinoxe de l'amour

Voulant garder ces êtres, je veux arrêter le coulant.

Je ris, découvrant avec toi l'infini.

Rockstar

Je cherche à me brûler les ailes,
Passer est le temps d'apprendre à voler,
Je ne suis jamais assez près du soleil,
Casser est l'horloge du coucher,

Tu avances vers moi,
Traversant ce ciel orageux,
Je suis l'ouragan tu ne réalises pas,
Quand tu regardes dans mes yeux,
Je t'ai crue peinte en acrylique,
Pensant que les pleurs sur ton visage,
Effaceraient ma musique,
Jamais tu ne me mettras en cage,
Laisse tes rêves là où ils sont,
Le fantasme de tous ces ados,
Qui flotte sur mes sons,
Tu ne me verras que de dos,
Si je te montre la face de la pièce,
Sache que je le fais pour moi,
Lâcher de ce fardeau qui me dépèce,
Je ne t'aimerai qu'une fois,
Je déplore mes erreurs,
Cachées dans la forêt d'Amazonie,
Qui ont eu raisons de mon cœur,

Équinoxe de l'amour

Tu sais, je ne t'ai pas tout dit,
De peur d'exposer ma pudeur,
Toujours caché derrière ma grande sœur,
Lorsque les coups du père,
Fracassant comme le tonnerre,
La faisait tomber par terre,
Quelle honte de déprimer,
Devant cette fille que je devrais aimer,
Perdu dans des institutions brisées,
Fils de parents divorcés,
Qui se force à ne pas tomber sous le charme,
De cette énième femme.

Tu ne m'écoutes pas,
Tu t'accroches à moi,
Comme cet arbre au milieu de la tempête,
Tu fais la forte tête,
Je tourne en rond,
Ravageant mon univers,
Dans lequel tu t'insères,
Non plus comme un décor de fond,
Jamais tu n'arrêteras Katrina,
Parcouru de vents violents,
Je suis une girouette sur un toit,
Convaincu que rien ne changera,
S'il te plaît laisse faire,
Une armure de platine et de fer,
Je ne crains rien or mis de m'attacher,

Équinoxe de l'amour

Sans pouvoir te sauver,
Relaxe-moi de ces liens,
S'il te plaît n'allons pas plus loin,
Je prétexte vouloir faire ton bien,
C'est surtout le mien,
Une confiance en soi,
Jamais forgé,
S'effritant à chaque contact de l'être aimé,
De filles comme toi,
Toutes m'ont compris,
Déçues, prêt à m'ensanglanter,
Alors qu'elle voulait enfanter,
Je ne peux profiter de ce temps,
Les éclaircies n'attendent que l'ouragan.

Tu t'es obstinée,
À me faire signer,
Un contrat de dix ans ferme sans voir le jour,
C'était la peine pour voir l'amour,
La tempête semblait avoir choisi,
De mourir devant le zénith,
La fierté de voir ma femme dans mon zénith,
Mais au matin dans notre lit,
J'ai entendu l'orage s'éveiller,
Oubliant la mesure des années,
Le temps s'alourdissait,
À la manière des conséquences,
Que je voyais,

Équinoxe de l'amour

Bien trop tard pour une quelque chance,
Il fallait arrêter notre aimance,
La pluie tomba sur notre toit,
Passe par les escaliers enfuis-toi,
Les nuages ne sont réservés qu'à moi,
Mais au lieu de ça,
Tu as cru en mon Titanic,
Je ne te mène qu'au bout de cette musique,
Je regrette d'avoir trahi mon serment,
Dans ton sang j'ai laissé couler mes sentiments,
À la manière d'un poison mortel,
Lorsque je te vois sur ce pont,
Où tu menaces de la perdre elle,
La vie, pour un pauvre con,
Rien n'y fera, je préfère croire au paradis,
Pour une fille qui m'a dit oui,
Plutôt que de proliférer mon enfer,
Qui s'étendra un millénaire sur terre,
Vas-y, saute plus haut,
Les anges t'attraperont plus tôt,
Ne veille pas sur moi,
Mes problèmes me surveillent,
Pas le courage d'aller au bout de ces veines que je
taille,
Rien ne peut se reposer sur moi,
Contente-toi de trouver le repos,
Aux derniers rayons de mes mots.

Équinoxe de l'amour

La foudre a fini par abattre l'arbre,
Je vais finir par les tailler au sabre.

Le vent

Nous étions complémentaires comme l'hiver,
Et l'été, Aujourd'hui encore je l'espère,
Ne sachant pas décider tu t'en es allée,
De toi, je me suis contenté de profiter,
J'en suis conscient, et bien plus que désolé,
De ne pouvoir, de n'avoir su, te contenter,
Je ne clamerai pas devant toi ma douleur,
Ainsi cacherai-je à grand soin mon déshonneur,
Et entraverai les réactions de mon cœur,
Le jour où tu l'abandonneras pense à moi,
Nos cœurs nous guiderons par une pure voix,
Alors s'écoulera ce huitième jour,
Qui viendra marquer le toujours de notre amour.

Mineur

Seul connaisseur de mon mal,
Me souvenant de mon dernier râle,
Toutes ces blessures au cœur,
Vision noircie tel le mineur.

Taper, frapper, heurter mon âme,
Ne pas regarder l'usure de la lame,
Définissez-moi chercheur d'or,
Leurs pleurs me sont indolores.

Les mains plongées dans le charbon,
Rappellent les limites des poumons,
À ne pas trouver un diamant,
Je confierai à la mort,
Que ma vie n'est que perte de temps,
Je n'ai pas compté mes efforts,
À l'inverse des pépites,
Trouver est un rite,
Leur taille n'a eu de valeur,
Qu'une plus grande rancœur.

J'ai creusé si profond,
Dans tant de direction,
Je pensais trouver des démons,
Déçu de ne découvrir que des émotions,

Équinoxe de l'amour

Une énième expiration par à-coup,
Les galeries tremblent de partout.

Un toucher salissant,
La brillance entre mes doigts n'est qu'instant,
Si rare caillou,
Résistera à tous mes coups,
Rien ne m'empêchera
De gâcher son éclat.

Je ne possède plus qu'une flammèche,
Pour devenir riche,
On a rêvé de raviver la flamme.
Plus de souffle pour ressortir de mon âme,
Qu'elle vienne me secourir,
Les sentiments collectionnés, j'ai appris à les lire,
Enflammer, ce cœur déjà cramé,
Périr, d'un amour à mourir.

Lettre de dernier souffle

Marcia,
Assied-toi,
Voilà comment aurait dû commencer,
Ma déclaration en ce vieux soir.

Je me suis évanoui avec elle,
Je ne reviendrai surement pas avec toi,
Sache que tu fus mon plus beau soleil,
Mais je ne sus refusé ce monde sans loi.

De mon avis, un jour, tu t'y accorderas,
De gré ou de force, certainement,
Devant Dieu quête de ne plus penser à moi,
Comme si j'étais le suppôt de Satan.

J'entends des rires, bientôt je la rejoindrai,
Pour la dernière fois de ma vie, je t'aime,
Ne donne pas ce message à ma chair,
Et d'elle-même n'en fais pas n'importe quoi,
Fais en sorte qu'elle retourne en terre,
Auprès de mes anciens, je t'attendrai là-bas.

À toi, je laisse la réalité et les souvenirs,
Ma plus grande peine est de te laisser,
Ma plus grande richesse est ma vie à tes côtés.

Comme une feuille morte

Nous avons connu le froid des belles soirées,
N'étaient mordant mes crocs sur la peau de ton cœur,
Ta douceur fusant dans mes blés crée la chaleur,
De ce zénith n'existant que pour t'éclairer.

Tu te nourrissais de mon ombre sans y croire,
Savoir que tu n'étais pas condamnée à vivre,
Derrière un homme qui te lisait ses livres,
Enfin, te préférai-je plongée dans le noir ?

Tu m'évoquais si souvent toutes tes brûlures,
Je me suis interposé entre toi et eux,
Pour briller il n'y a besoin d'eau dans tes yeux,
Mettant notre si bel amour en lieu sûr.

Mon feuillage s'emportant avec tout ce temps,
Tu ressens la nouvelle fraîcheur des rayons,
À toi de veiller sur moi pour cette saison,
Tu m'abandonnes seul face à mes sentiments.

Je n'étais qu'un prétexte à ton bonheur,
Mes bras ne serreront plus tes remords,
Tu ne seras pas digne de mes pleurs,
Tu es la seule maître de ma mort.

Équinoxe de l'amour

Hiver

Équinoxe de l'amour

24 Décembre

Marié à une femme,
Amoureux de mes origamis,
Désiré par millier.

Une seule question en tête,
Une tête entre mes jambes,
L'avais-je trompé en épithète,
Que mes esprits étaient déjà nos limbes ?
Franchise exacerbée d'avoir avoué,
Que n'étais-je affranchi,
D'ex à cerbère pareil,
Mon passé n'est pas à voir,
À vous et aux autres.

On avait construit une famille,
Je contrôlais pour ma fille,
Pleurer telle sa tante étant enfant,
Progéniture d'un père gênant,
Sa mémoire rendue par mes actes,
Moi qui l'avais enterré pour ces tacts,
Peur de ce que j'ai déjà commis,
À l'heure des femmes qui me sont ennemis.

Bague au doigt lourde de symbole,
Serrer me coupant la circulation,

Équinoxe de l'amour

Ceci n'est qu'une parembole,
Pour excuser d'abandonner ma filiation,
J'étais votre super-héros,
Sans cape, je n'ai su me le rappeler,
Vos sourires une héroïne,
Trop forte, pour en enfer m'être rapportée.

Mille couleurs pour l'amour,
Un daltonisme qui m'écœure,
Ce monochrome joue des tours,
Mon fils me fait pleurer des heures.

Peur d'être Père, une excuse,
J'avais juste besoin du mien,
Pour savoir que se tromper n'était pas réfléchi.

Mes enfants qui connaissent ma douleur,
Souffriront davantage de mes erreurs,
J'essayerai de les réconforter,
Ils voudront me tuer,
Nous ferons ensemble du mieux,
Car il n'y a que Dieu,
Qui ne sait se tromper,
Et eux seuls que je sais aimer.

Balade Nocturne

J'ai pris par la main mon plus grand dépit,
Enfin convaincu de désir ce soir,
Rentrerai-je avec les griffes de la nuit,
Marquées sur mon dos, vues dans le miroir,
Ces ténèbres me laissent trop d'espoirs,
Seule origine de la lumière,
Après tout ce temps à broyer du noir,
J'ai accepté de parcourir la Terre.

Quelques heures, les yeux rougeoyant,
Une chose se prélassait hagarde,
Elle me voyait tel son futur amant,
Je ne sais pas s'il faut que je m'attarde,
À m'évader elle serait veinarde,
Peut-être cherchait-elle son pire mal,
Ce sont ses sentiments que je poignarde,
T'arrachant l'un de tes plus jolis râles.

J'ai voulu ne pas te faire sourire,
Sachant qu'un jour je voudrai t'aimer,
Tu n'as rien dit de mon oubli de rire,
Attendant que je puisse t'illuminer,
Toujours plus près du soleil pour briller,
Ma plus grande partie est celle d'ombre,
Je ne sais pourquoi tu es à côté,

Équinoxe de l'amour

De moi, sous ce si majestueux arbre.

Vous êtes la créature rêvée,
Dont jamais je n'aurais imaginée,
La beauté de mes cauchemars,
La lueur de mes désespoirs.

Aigle

Un ciel bleu, scène du désir,
Retenu comme martyr,
Les nuages s'amoncellent,
Laissant briller cette lueur miel,
Pour faire croire à Zeus,
Que ses éclairs,
N'auront raison de ta ruse,
À cacher tes douleurs d'hier,
Tu oublies l'origine des cumulus,
Tous proviennent des flots,
Enterre tes défaites, qu'elles ne fussent,
Que le reflet de tes sanglots,
J'ai décidé de détonner,
Tout faire pour t'étonner,
Qu'importe que tu sois fille de l'été,
Double éclair pour te foudroyer,
Je serai source de ton plaisir,
Celui dont tu ne peux te saisir,
L'orage gronde, tu t'inondes,
Je te sonde, tu ne laisses passer les ondes,
Tu t'accroches à la terre mère,
Tes regrets, tu les enserres,
Les ailes déployées de l'aigle,
Porteront la flamme,
Prisonnière de sangle, tu t'étrangles,

Équinoxe de l'amour

Des flux, des reflux, où tu rames,
Te refusant à te noyer,
Tu écoutes les sirènes chanter,
La tempête fait rage,
Ton corps vacille,
Le rapace avance en vrille,
Il élèvera ton second âge,
Seul lui peut te délivrer,
Et d'un dernier lien,
Tu retiens ta liberté,
Sa force n'y fait rien,
Il n'y a plus de ciel ou de terre,
Le monde est eau,
Ce dernier coup de tonnerre,
Brisa ton sceau,
Il devient royal,
Atteignant le septième ciel,
Ta féminité n'est plus glaciale,
Les sentiments s'emmêlent,
Un cri dans la nuit,
Oui, tu as jouis.

Les âges

Lancinant sont les âges,
Jouant des cartes du crépuscule,
Notre entité dont les rouages,
Ne connaissent de défauts inutiles,
J'en appelle à Héra,
Elle veut savoir ce qui se passera,
Quand quatre saisons en musique,
Ne feront plus vive la vie,
Démon sortez de mon lit,
Vous me détachez par vos polémiques.

Entre moi et son corps,
S'interpose un feu follet,
Je souffle sur les braises,
Pour raviver la flamme.

Entre moi et son corps,
Des draps notre fils sort,
Mes lèvres si froides ont tort,
De penser notre amour mort.

À toucher mon forfait,
S'interpose un feu follet,
Une obsession me plongeant dans un marais,
Devrai-je m'envoler sur une raie.

Équinoxe de l'amour

Chaud pain pour qu'elle se taise,
Ma douleur est semblable à celle polonaise,
Je souffle sur les braises,
À la rabaisser d'être française.

J'ai trois femmes,
Habitude écrase passion d'un carême,
Du contrat je dois changer les termes,
Pour raviver les flammes.

Chaude peine est à l'heure,
De la continuité de l'espèce,
Vivement cet être se meurt,
Plus de messe, je la tiens par les fesses.

Boréale

L'hiver a été mon manteau,
Gardant précieusement mon éclat,
La neige était le rideau,
Devant les mauvais choix.

Belle dame toute de glace,
Je m'excuse de vous piler,
Mon esprit ne peut faire du sur place,
Comme vous je dois briller.

Á vous, je veux adresser un message,
Vous avez les plus aqueux flocons,
Tu es plus poudreuse qu'eux émotion.

Le soleil que je cherche te ferait fondre,
Nos rêves ne peuvent se répondre,
De toi je garderai le passage.

Plume

Ma plume ne peut voler sans tes bras,
Pour me rassembler,
Un oiseau prêt à déchanter,
Lorsqu'il t'aimera.

Tromper, tu ne l'as jamais fait,
Je savais tout de tes badinages,
Ta sueur dans tes bas nage,
En âge de donner ton millet,
Tes défauts sont marqués par un trait,
Mirage, sans limite est ta rage.

Cette fille était ton inverse,
Tu t'efforces de lui ressembler,
Oublies-tu que tu as enfantée,
Libère-moi de cette torture perverse,
Redeviens cette jolie perse,
Tu n'es pas un pantin à baiser.

Mon infidélité n'a pas de prix,
Laisse-moi croupir dans cette prison,
Je n'espère plus que ta reddition,
Pour un soir, va les voir dans ton lit,
Notre chair voudrait que la leur t'appelle mamie,
Ce lien ne peut connaître de scission.

Équinoxe de l'amour

Apollon a déposé sa lyre,
Las d'attendre que sur moi tu te déchaînes,
Notre mariage amputé comme des mitaines,
Je n'aurais dû commencer à fuir,
Mais nos petits t'attendent pour lire,
Cette corde s'appelle sensible, et tu la dédaignes.

Le corbeau n'aura la colombe,
La guerre a cent ans,
Réveille-toi et redeviens la mère de nos enfants,
Souviens-toi de ta famille,
Notre union fourmille,
Évitons de nous retrouver sur sa tombe.

R4

Alors que je ne savais marcher,
Tu me portais,
Abandonner de parenté,
Tu m'aimais.

Devant la main punitive,
Qui ne cessait de me guetter,
Tu te faisais hâtive,
Pour me remplacer,
Seules mes cicatrices du passé,
Peuvent te remercier, de n'être pas sur moi.

Tel l'arbre au milieu de néons,
Nous avons connu la menace de l'extinction,
Unis dans la douleur,
Face aux rancœurs,
D'un univers de guerre,
Cherchant l'équilibre du père et de la mère.

Libérés du joug de notre enfance,
Avançant avec aisance,
Au milieu des lances,
Faisons-lui sentir l'essence,
Du parfum de la vengeance.

Équinoxe de l'amour

Sur mon épée forgée de larmes et de sueur,
Il sera annoté à cœur,
Pour toi ma sœur,
Qui fût ma seule lueur.

Glaciation

Perdu dans le soir,
À broyer le noir,
Une nuit d'Alaska,
Tombé à terre pendant 6 mois,
Plongé dans la déception,
Je coulais, personne pour me sauver,
Mourir chaque journée,
Comme l'aigle répétait la sanction,
Une douleur cyclique,
Entraîne un bonheur perturbant,
La mauvaise note de musique,
Un sourire dont je fais l'amant,
Punis de mes actes,
Justement récompensé,
De ce surplus de tact,
À vouloir tout charmer,
Des courbes voluptueuses,
Forçant à briser des silencieuses,
Dans ma veillée provoquée,
Je déchirais leur désir,
En créant des êtres détachés,
En elle un cachet à la cire,
En me retirant,
C'est leurs sentiments,
Que j'arrache de leur essence,

Équinoxe de l'amour

Incapable de ressentir,
J'espérais m'en sortir,
À puiser dans leur âme,
Un semblant de flamme.

Á celle qui vole les amours

Effrite la terre,
De tes grands airs,
En te croyant parfait,
Nous savourant comme des mets.

Tu planes au-dessus de nous,
Saisissant ta proie au milieu de son sommeil,
Tu n'es point le berger, mais le loup,
De ces pauvres brebis répondant à ton appel,
Pensant recouvrir leur liberté,
Enterrer est leur humanité.

Le sable ensanglanté s'écoulant,
Qu'importe notre rang,
Seul compte l'humeur du tyran,
Brisant le sablier du temps,
Nous ne sommes que poussière,
Dont le ciel nous fait éphémère.

Tu as aspiré son âme,
Éteins les flammes de ses dames,
Qu'il retrouve son père et sa mère,
Au détriment de ses frères,
Lui prendre la vie,
C'est pendre nos rires,

Équinoxe de l'amour

Allongé dans ce lit,
J'espère qu'il ne fait que dormir.

Équinoxe de l'amour

Miroir

Solitaire amusé,
Hier oublié,
Maître d'un jeu,
À tomber amoureux,
Tout est fait dans les temps,
Cœur de pierre dans l'étang,
Emprunte le chemin,
Qu'elle attrape ta main,
Lève les yeux,
Tu paraîtras mystérieux,
Apercevoir la lune,
Imaginer quelques runes,
De poussière d'étoile,
Araignée tisse ta toile,
Joue de la lyre,
Sur doute à dormir,

Expert navré,
Demain noyé,
Être de ceux,
Qui sont peureux,
Obligé d'être violent,
Ouragan de sentiment,
Ulysse défais tes liens,
Sirène ne demande rien,

Équinoxe de l'amour

Alarmé par les envieux,
Reste encore odieux,
Tu ne vois qu'une,
Sur la dune,
Lève le voile,
Ton cœur porte le châle,
Envie de t'enfuir,
L'aimer jusqu'à te nuire.

Rimbaud à Paul

Allongée dans un lit,
Une petite pièce,
Aller du blanc au blanc,
Une paire de rideau.
Je me souviens de ce que j'ai accompli,
Tu te rappelles de ce que tu t'es dit.

Les mots perdurent là où tes cris restent,
Parlant sans cesse de ma plume,
Quand épuisée tu fumes,
Avec le froid je t'imite.

D'Arthur à Verlaine,
Un coup de feu de peine,

Le bruit de ton âme,
S'est entendu sur le béton,
Disparues étaient tes percussions,
Les fruits étaient calmes.

Écoutez les ces gens-là,
Ils ne parlent que de ça.

Déclenchée est l'attente,
Des mois tentés à t'animer,

Équinoxe de l'amour

Et ils veulent te réanimer,
Leur secret de vie t'attente.

Boum boum comme un garçon,
Bang bang comme le son.

Halte à vos armes de vies,
Orifices petits pour comprendre,
Mais contentez-vous d'apprendre,
Or y fisse l'inverse, son sexe n'y vit.

J'ai si froid

Nos étreintes sont devenues glaciales,
Avant c'est le temps que tu gelais,
Nos guerres éternelles ne me manqueraient,
N'évertuons-nous pas à nous faire du mal.

Un jour l'hiver est arrivé dans son long manteau,
Nous ne savions comment le surpasser,
Il nous fallait apprendre à se dépasser,
Je vous assure qu'il n'avait rien de chaud.

Les armes à la main en révolte,
Jamais nous ne visions les bonnes cibles,
Tes mots, c'est mes sentiments, qu'ils criblent,
Nous nous faisons face avec une attitude désinvolte.

Je voudrais comprendre le sens des saisons,
Les autres ont le droit à la couleur,
Ici rien ne compte plus que nos honneurs,
Connaîtrai-je le sens de tes déraisons ?

Un matin, l'hiver n'était plus froid,
Je ne sais d'où provenait cette chaleur,
Il n'y avait rien à trouver dans nos erreurs,
Revenant dans le lit, j'ai compris que c'était toi.

Équinoxe de l'amour

Nous étions prêts pour renaître,
Le temps nous attendait au coin de la rue,
Nos combats s'étaient tut,
Il fallait arrêter de paraître.

Je me suis collée à ton corps,
Sentant ce feu prendre possession de mon esprit,
Me rappelant ce qui faisait de toi mon envie,
Nous avions oublié que l'amour avait décidé de notre
sort.

Enserrer dans les draps mouillés de nos larmes,
Les disputes ne faisaient que gémir,
L'horloge était vouée à se finir,
Pour avancer vers ce jour où je serais madame.

Équinoxe de l'amour

Printemps

Souffle

J'ai laissé ce manteau,
Puis relâché le tout beau.

Inspire, expire, sens-tu la fumée s'épaissir ?

Au milieu de tous ces cumulus,
J'étais le seul à porter l'orage,
Tu étais là, sans être sage, tu tournais la page, de celui
qui ne voulais plus que tu nages, tu portais la rage
comme atteinte du typhus.

Nos idées noires,
Devaient disparaître un soir,
Laisser place à la blancheur,
De ces nuages, éperdues au coin fumeur,
De toutes les promesses, de tous les mirages.

Alourdi de nos problèmes,
Prisonniers de cette chambre à gaz,
Il faut laisser consumer à Si vis pacem,
Apprenons à oublier aux rythmes de mes phases.

Tu n'es qu'une poussière d'or,
Dont aucun ne sait que c'est le sang des dieux,
Ce brouillard disparaîtra à l'aurore,

Équinoxe de l'amour

Quand nous aurons fait de notre mieux,
Rien ne sert de balayer,
Il faut réapprendre à aimer.

Plongeons dans ce bain de smog,
Danse contre moi,
Embrasse-moi,
En apnée sans jamais s'étouffer,
Ton regard est ma seule bouffée d'oxygène,
Le sang séché ne coule plus dans tes veines.

L'air de Nagasaki à Fukushima,
N'est rien pour toi et moi,
J'exhume ta détresse,
Fais de toi une déesse,
Qui me fait souffler cette fumée,
M'empêchant d'être en bonne santé.

De l'O2 entre nous deux,
La pluie tombe sur eux,
Mes lèvres asséchées,
Contre les tiennes que tu as humidifiées,
Ni pour me plaire, ni pour te satisfaire,
Relâchés, envolés dans la couche d'ozone,
Ce soir ma mémoire tu fais taire,
Pour redescendre il faudra des tonnes,
Au creux de tes sentiments,
Je prends des gants,

Équinoxe de l'amour

Pour gommer ces bastes amants,
Libre comme l'air dans ton élément.

Tu reviens me souffler dans le cou,
Pendant que je respire ce nous.

Ville de mes désirs

Dans cette ville des terres de l'Italie,
Où les odeurs et les couleurs,
Me rappellent le lit de mon tendre logis,
J'y resterai même sans elle.

Du théâtre de la richesse et de,
La cupidité humaine jusqu'à ce,
Lieu que l'on pouvait appeler la scène,
Je t'aime sans fierté personnelle.

J'ai confié mon vœu à cette fontaine antique,
Sans m'inventer quelconques leurres,
Je me souviens de cet homme qui subit le pic,
Ma souffrance n'est bien que pareille.

Arriverai-je à guérir patiemment,
Dans ces bâtiments faits de marbre blanc,
Où j'ouïrai ces si délicats chants,
Peut-être retrouverai-je mon âme,
Et mes convictions ; à mon plus grand dam,
Tu l'aimes au point de devenir sa femme.

Demain je m'en emporterai plus qu'attristé,
Fais-moi au moins l'honneur de ton divin baisé.

Deuxième tête

Il était une bête magnifique,
Ne pouvant porter une seule ride,
Les ignares le disent maléfique,
Il n'avait rien d'un être fétide.

Les plus riches rois lui auraient cédés leur trône,
À la vision de ses ailes fulgurantes,
Un geste suffit à ce que le ciel tonne,
Impossible à l'humain d'en tirer une rente.

Ses aiguilles tissaient des liens de diamants,
Juste entre les enfants, seul maître des amants,
Peu importe leur taille digne d'un géant,
Elles étaient d'un orfèvre tellement plaisant.

Ce serpent à la peau incrustée de pierres,
Dont chaque mineur rêverait pendant des heures,
Voyait au bout de sa longue échine se tordre,
Son corps en deux têtes, laissant penser deux pères.

D'un côté, des écailles d'or pour un cœur noble,
Les pupilles extraites d'un rocher de lapis,
Perforant les secrets de ce dont on s'accable,
Ses crocs étaient forgés pour déchirer la nuit.

Équinoxe de l'amour

La seconde, des fragments d'une âme d'argent,
Composait son encolure imposant son être,
Faisant place aux cornes calmant les différends,
Dont sa sagesse n'arrivait pas à repaître.

Deux frères ne formant qu'un,
Refusant de se tenir la main,
Ayant décidé de prouver,
La force de leur amitié.

Coco

Tout devait éclore,
Notre jour devait arriver,
Tes soleils que je vois se clore,
Ne voulaient brûler.

Dissimulé tout l'hiver,
Sorti du cimetière,
J'ai cru en ta lumière,
Qui élevait le lierre.

Jamais je n'aurais dû m'accrocher,
Comment espérer l'éternité,
De cieux qu'aucun ne peut saisir,
J'avais l'envie de la réécrire.

Tout sur cette terre ne fait que me fuir,
Le temps en personne s'est défait de moi,
La première à tous les fait mentir,
La dernière à me plonger en émoi.

Dès le départ,
Tu savais que tu ne restais,
Pas plus d'un soir,
Á ton au revoir fane le muguet.

À la vie

Il déploie ses bras,
Mais il ne vole pas,
Ses jambes ne l'aiment plus,
Elles qui l'ont toujours soutenu.

Il joue au romain,
Avec toutes ses forces dans les mains,
Pour faire avancer son char,
Même jusqu'à tard le soir.

Il a vu son cheval de Troie,
Comme un cadeau, il souriait,
Pourtant ses lances le transperçaient,
Il ne sera un garçon comme moi.

Son bonheur est déjà entaché,
Par de l'encre noire et épaisse,
Dont il apprendra à diluer,
Le pigment, pour que sa vie ne le laisse.

Triste guerrier, déjà blessé,
Sans avoir combattu à égalité,
Tu seras le plus grand des héros,
De par ton sourire, qui est le plus beau.

Le soleil se couche

Vous êtes un couché de sentiment,
Alors que l'amour s'éveille,
Je sors de stupeur d'être votre amant,
Au milieu de ce gris ciel.

Foudroyé par ce sieur, vous courrez,
À la recherche de vos erreurs, vous ignorez,
Le dédale de votre cœur, vous l'avez édifié,
À votre malheur, vous espérez.

Par-delà ce mur de flamme,
Se trouve le drame de votre âme,
Sur mes lèvres, gravé est votre péché.

En essayant d'avoir raison de votre cœur,
Vous esquiverez l'heure de votre bonheur,
De notre amour embrasé.

Le soleil se lève

Des cendres au vent, annonce ton feu follet, dansant sur ce parquet.

Damné de moi d'avoir plongé, mon regard dans le bleu des flammes, de cette femme, qui m'égare.

Prométhée m'a donné le feu, pas le pouvoir des dieux, d'aimer qui je veux, sans me cramer dans les cieux.

Dizaine

J'ai vu ce qu'était l'amour, la mort,
Tu cherches encore sa vie, son sort,
Déchirés sont leurs cœurs et leurs corps,
Ils s'appliquent à tout dire oxymore,
L'un n'est jamais plus que l'autre,
Quand tu regardes en moi,
Cette chose est peut-être vôtre,
Et j'y crois sans foi ni loi,
Je ne sais plus lire,
Tout ça ne veut rien dire.

Le plus beau métier du monde

Les saisons passent,
Comme leurs venues te lassent.

Chaque soir tu te répètes,
Cette scène que tu as en tête,
Apprise par l'habitude,
Ancré de lassitude.

À la recherche de chaleur,
Tu devins femme de bonheur,
Sans y aller de bon cœur,
Tu ne comptais plus que les heures.

Toi aux lèvres épousées,
Sans aucuns serments,
Seulement par payement,
Je veux te voir perdre ton métier.

Marc-Aurèle

Le premier bon anniversaire,
Est celui de mon grand-père,
Je m'excuse d'être d'une génération,
Qui ne sait plus faire attention,
Tu es maçon, inventeur et pilote,
En te voyant je sais que la marche est trop haute,
Donne-moi ton secret pour être au four et au moulin,
Mes visites je les remets à après-demain,
Je suis usé de serrer toutes ces mains,
Sans pouvoir tenir les tiennes.

Ton paradis pourrait s'écrouler,
Que tu serais content de pouvoir encore nous aimer,
Tu n'as pu en vouloir à tes filles,
Lorsque se sont éclatées leurs familles,
Regrettant que leurs vies ne soient plus faciles,
Tu ne pleures pas, non, tu bats juste des cils,
Surtout quand on est réuni dans ces repas,
Tu pars tôt, tu rentres tard le soir,
Chaque nuit dans le noir,
Tu penses au dimanche où tu nous verras.

Arrête de me dire que je serais Goncourt,
J'écris ce que tu m'as appris entre deux cours,
À nos vacances dans ce bout du monde,

Équinoxe de l'amour

Comment ferai-je quand tu partiras dans un autre
monde,
Toi qui arrivais à me suivre dans le mien,
Tu seras galant en laissant partir mamie,
En première, pour qu'elle ne connaisse une tristesse
infinie,
Je pense à mes vraies vacances, où je n'avais besoin de
rien,
Je courrais derrière un ballon,
Tu le regonflais et me faisais une passe du talon.

Tu n'as jamais cessé de m'encourager,
Sauf quand j'ai voulu en finir,
Dans des moments où je ne savais plus écrire,
Je ne savais arrêter de t'admirer,
Raconte-moi ces histoires,
Dont mamie ne se souvient que des trois quarts,
Vous n'êtes jamais d'accord,
Sauf pour dire que nous sommes votre trésor,
Mes rimes embrassées je les ai remontées,
Espérant allonger la durée de vos baisés.

Amnésie

Nous évoquions de grande valeur,
Dans cet ennui qui n'avait plus d'heure,
Te regardant, t'idéalisant comme sœur,
C'est notre amitié qui se meurt.

À trop vouloir te protéger,
J'ai fini par devoir t'embrasser,
Trop peureux de leur mal,
Convaincu que jamais je ne t'ôterai le châle.

Ce huit juin j'ai récupéré mes souvenirs,
À te souhaiter après tant d'ouragan,
Une nouvelle année à embellir,
Nos esprits se languissaient d'être absent,
De n'avoir pris le pas sur nos erreurs,
Incapable d'outrepasser nos peurs.

Le joueur lassé d'un jeu lassant,
Tu l'as compris en m'enlaçant,
J'aurais dû l'apprendre à notre amitié,
Je m'excuse de n'avoir pu t'aimer,
Ce n'était pas à moi de t'éviter le pire,
À nous de connaître l'origine de nos rires.

J'aimerais être pris d'amnésie,

Équinoxe de l'amour

Pour te revoir sans nos risibles baisers,
Te dire que tout est fini,
À ma femme te présenter.

Gungnir

J'aurais pu croire en Odin,
J'ai cru en tes mains,
La situation en pire dans un empire,
Forteresse, tressée à me lire,
Grande messe, élancée de dicton,
Touché cette lance,
Mutilé à chaque évasion,
Ton doigt sur mes douleurs,
A su attendre son heure,
Transperçant d'une lumière sainte,
Ces passés qui m'éreintent,
J'aurais pu croire à demain,
J'ai préféré croire à ses reins,
Contre les miens,
À des pétales,
Dans ses caresses,
Ne me faisant plus de mal,
Que de l'appeler Déesse.
L'Homme n'a de Dieu,
Que ce qui le rend heureux.

Été

Équinoxe de l'amour

Initiales

À qui pouvais-je écrire devant mon ennui,
À la recherche d'une encre bleue nuit.

Giclait ma détresse sur ses pages,
Rendant mon art plus que sauvage.

Abandonnant toutes les règles,
Tyrannique se faisait la plume de l'aigle.

Traitons avec patience l'inspiration,
Harponnons le silence de l'illusion.

Humerai-je le parfum de la rose,
Userai-je de tous ces mélanges jusqu'à l'overdose.

Emprunter aux épines la justesse,
Reprenant la douleur des déesses.

Je n'écris plus qu'avec une rose, trempée dans la
marine de mes yeux, descendant en moi je trouve une
petite chose, une petite épine refoulée, de peur d'y
penser. Un jour je pourrais t'aimer, en attendant laisse-
moi te décrire. Ton amour est trop armé pour que j'en
subisse le tir. Je ne peux être comme tu veux, j'ai déjà
du mal à être ce que je peux.

Équinoxe de l'amour

Il ne me faut qu'une strophe pour comprendre l'abysse d'une photographie, où à côté de moi, tu n'es pas assise.

À mes amours passés

Je vous écris en jours heureux,
Ceux, que nous n'avons pas forcément connus.

Excusez-moi toutes de mes maladresses,
De mes départs au petit matin,
Des mots portant les espoirs d'une messe,
D'instant perdu et malsain.

Je vous dois tout,
Elle vous doit nous.

Merci de m'avoir laissé jouer,
De vos cœurs et de vos pensées,
Celles qui m'ont mis un genou à terre,
Je n'oublierai jamais l'odeur de la poussière.

Aimons, union, pulsions, désillusions.

Qu'importe le temps passé, partagé,
Je vous ai aimées, au moins le temps d'un baisé,
Endurci et forgé par les marteaux du glamour,
J'ai trouvé mon dernier amour.

Concerto

Un seul mois dans l'année,
À pouvoir se libérer de vos bourreaux,
Les onze autres à s'éloigner,
Jouez cette mélodie de piano,
Vous vous êtes perdus dans des rues,
Les violons de l'automne sont nostalgiques,
De deux feuilles dont les notes ne suivaient leur vécu,
L'horloge les forçant à se croiser est cynique.

J'implore la fin de cette chanson,
Ils ne peuvent plus siffler le refrain,
Ils ont besoin de ce petit garçon,
S'aimer n'est pas une fin.

L'archet ne touche plus l'instrument,
Des doigts trop faibles pour frapper les touches,
Son cœur ne touche plus ses sentiments,
Des pommettes trop rouges pour qu'elle accouche.

Elle pose son manteau sur eux,
Pensant pérenniser leurs étreintes,
La routine n'a jamais été un lieu,
Où les amours s'éreintent,
Toujours le cimetière d'horloges arrêtées,
Par leur propre utilité.

Équinoxe de l'amour

À la dix-huitième année,
Ils seront encore un enfant de dix-huit mois,
Ignorant comment marcher,
Sachant vivre sans des mois.

Devant une scène, ils attendent encore l'artiste,
On ne peut patienter à s'aimer,
Le temps c'est des sentiments,
Laissons-les vivre ce mois d'été triste.

Mon amitié

Tu es venu nous voir, les yeux pleins d'espoir,
Enfin, tu savais qu'elle t'aimait,
Pour toi qui n'avais rien lâché, c'était décidé,
Tu lui montreras de l'amour le vert et le violet,
Tes défaites six pieds sous terre, tes blessures en l'air.

Toi mon frère que j'ai vu amoureux,
Suis cet ange qui te rendra heureux,
De longues heures à penser à vos louanges,
Déposé au sommet de ton bonheur,
Tu avais assez attendu de contempler tes erreurs,
Accumulé la rage, maintenant tourne la page.

Tu t'es évadé de ta prison,
Aux accros de ta plume sur le papier,
Il paraîtrait que tu oublies le on,
Pour vous, de nous tu es de plus en plus singulier,
Du haut tu ne regardes plus le bas fond,
Au final on était peut-être tes geôliers.

N'oublie pas que Satan vient du paradis,
Que tu n'es qu'un homme,
Qu'importe la résistance de Primo Levi,
Gazé peut être la pomme,
Et que tes péchés sont encore en vie,

Équinoxe de l'amour

Jamais tu ne t'étais soustrait à la somme.

Crépitement

Tu es dépassé comme un mythe,
Après l'avoir enterrée sans rite,
Arrête de mentir à ces passants,
Tu l'aimais aveuglément,
Tu te sens comme une salamandre,
À pouvoir vivre dans ses cendres,
Des étincelles de ta pupille,
Pour ces inconnus,
Tes joues brillent,
De cette disparition inattendue,
Le risque de sa vie,
Était de te laisser ici,
Bien avant que tu ne sois mûre,
À goûter toutes ces luxures,
Souffle sur les braises,
En jouant de ces niaises,
Même le phénix s'est brûlé,
À vouloir raviver le passé,
Défini comme un mal aimé,
Le coq s'est arrêté de chanter,
Les jours ne s'écoulent,
Qu'au rythme des mots,
Entendu de tes sanglots,
Lors de mon dernier râle,
Ta peine dans cette jarre,

Équinoxe de l'amour

Manquera d'air pour exister,
Tout comme ses dernières volontés,
Largue les amarres,
Partir du rivage,
N'éloignera pas ce crépitement,
Prisonniers de ce sentiment,
Qui t'assourdira avec l'âge,
Plonge dans le Styx,
Pensant être invincible,
Touché au talon dans une rixe,
Ton cœur se crible,
De ne pouvoir accepter,
D'avoir éteint la flamme,
De cette fille qui t'a aimé,
Le bateau s'embrase et tu rames,
Jette-toi à l'eau,
On t'aidera avec trois radeaux,
Sinon le feu t'engloutira,
Et elle ne voulait pas de ça pour toi.

Lettre à cœur ouvert

Vivre en attendant un signe,
Savoir que de tes excuses je suis digne,
Oui c'est moi qui me suis enfui,
Où retrouverai-je mon plus grand ennemi ?
Alterner nos rencontres en semaine,
Reine était celle que tu as frappée.

La seule chose qui m'oblige à m'ouvrir,
Est que le silence d'or me ferait souffrir,
De te faire cet honorable présent,
Demi-frère créé à l'aube ne me remplace,
Va le répéter à sa mère,
Sert lui la vérité sans aucuns gravats.

Au mariage de ta fille,
Nous nous dissiperons comme une aiguille,
Emportés par l'ivresse en apparence,
Emmenés dans nos songes en pensée,
Je sais que tu fais semblant,
Oubliant ta mémoire qui te ravage.

Je ne connaîtrai jamais vraiment,
L'existence de tes sentiments,
Pour une fois je me résous,
Pourri tu seras à défaut de référence,

Équinoxe de l'amour

Pensais-tu m'élever en prenant tes actes,
Pacte d'un droit qui t'effraie.

Ta paternité n'a jamais été un exercice,
D'affection, du bleu sur mes joues glissent,
Mes yeux saignent patient de ta main,
M'étalant cette goutte pour laver tes errements,
L'espoir n'est qu'un long instant,
Impatient à voir.

Je crois qu'il est inutile de m'adresser,
À toi qui ne comprend les sonorités,
Familière de ton fils,
Fameux grands hommes abandonnant,
Leurs enfants plus que leurs femmes,
Drame le jour où tu accepteras ton erreur.

Cyanure

Un poison insidieux s'écoule en moi,
M'empêchant de penser librement,
À chaque instant me ramenant à mon état,
La mort est dans mon sang.

Cette peste rouge,
Un baiser suffit pour en être victime,
Et qu'elle vous démange,
À vous frotter jusqu'au crime.

On ne sait votre espérance de vie,
Avec cette maladie,
Il paraît que certains en meurt prématurément,
À défaut de retrouver une jument.

J'écris mes dernières lignes,
Devant les portes du paradis,
J'aperçois l'autre cygne,
Qui m'accompagnera dans l'infini.

N'oubliez pas de sonner le glas,
Et de n'être heureux de mon sort,
Elle était si belle en robe de gala,
Ce choléra souriant sera ma plus jolie mort.

Au café d'en bas

Notre histoire s'achève ici,
Le soleil brille, il est midi,
On devrait à peine sortir du lit,
Après s'être déchiré la peau une partie de la nuit,
Et voilà, nous en sommes là,
Face à face, à parler de ça,
J'ai ta bague à mon doigt,
Marié à ma vie que tu hanteras,
Tu m'épargnes de te le dire,
Mais c'est ensemble que meurent nos rires,
Tandis que restent en nous les souvenirs,
J'aimerai encore avoir à te dire,
Pour que tu restes un peu plus à mes côtés,
Ça ne nous sauvera pas mais je ne veux garder,
Ton visage en pleur après que tu m'aies giflé,
Comme la fin de notre conte de fée,
Ce n'est que des gamineries,
Tu as raison, qu'est-ce qu'on en fait des conneries,
Qu'est-ce que c'était bon, une simple envie,
De découvrir l'amour en le parcourant,
De ne vivre que par ce courant,
Qui transformait tout en un encens,
Dont la poésie ne peut qu'encenser,
Si tu partais au bout de cette rue,
Satan en cueillant mon âme ferait recette,

Équinoxe de l'amour

Je briserai Pandore juste pour que naisse l'espoir,
Qu'un jour je puisse te revoir,
Je vendrai le monde pour que tu reviennes,
Au diable ces gens si tu ne reviens,
Au diable l'argent si je ne peux me racheter,
Tu es au-dessus de mes moyens,
Je ne payerai pas la pension de nos enfants imaginés,
Soudain, tu parles, je t'écoute,
Les derniers mots d'un défunt,
Sont forcément ceux de la fin,
J'entends qu'on pourrait reprendre la route,
Que tu ignores comment, et pourquoi,
Mais que tu veux être avec moi
Nous avons connu tant de déroute
Avions-nous le droit d'arrêter le chemin ?
Qui m'a mené à te demander ta main.
Tu resteras en moi à jamais,
Tu es mieux que l'idée que je me faisais,
De nous tu es la meilleure moitié,
De moi tu as su me révéler.

Mamie

Tu pries d'avoir moins de temps que moi,
Je sais que je n'aurais jamais assez de toi.

Mes écrits étaient mes rêves,
Pour d'autres ils étaient vains,
Pour certaines ils étaient la douceur de mes mains,
Pour toi ils seront toujours une trêve,
Dans les supplices de ton âge,
La seule à me forcer à apprendre le courage,
De vivre ce que l'on est.

Sache que ton dernier souffle,
Sera l'unique brise poussant mon navire,
Tes dernières paroles qui s'essoufflent,
Un chant de sirène sur ma lyre,
Je suis dépendant de ton visage,
Sur cette Terre ou sur un autre rivage,
Je comprends le prix de mon passé où tu es.

Tu aurais fait de moi ton fils, ton mari, ton amant,
Les générations nous séparant empêchaient cela,
Pourtant tu n'as cessé de me voir comme un diamant,
Prenant l'attention de toujours me protéger de moi,
Que je ne me fasse emporter par ma furie,
Tu voyais en ma plume l'indomptable esprit,

Équinoxe de l'amour

De ces gens qui révolutionnaient.

Dans ma vie j'aimerai certainement encore beaucoup, mais je doute que quelqu'un ait un jour le cœur assez grand pour me porter plus grand amour que le tien. Tu m'aimais le jour de ma vie, tu ne vivais plus que pour me voir grandir, tu m'aimeras par-delà la mort. Je ne pleurerai plus en redoutant ton sort, la vie te doit la mort, comme je te dois ce que je suis.

Prêt à partir

Apollon tire sa révérence,
Sur la tombe de cupidon,
Appelle-t-il la clémence,
Sur cette impossible mission.

Je cherche à devenir écrivain,
Prouver que ce que je fais n'est pas vain,
Dans mon microcosme,
Tout est sombre,
Il n'y a qu'un seul prisme,
Celui qui te fera de l'ombre,
J'écris pour en vivre,
Rien ne sert de le cacher à ma lyre,
Elle se sait être un instrument,
Maîtresse de mes sentiments,
Sur cette terre je n'ai qu'une muse,
Toutes celles qui m'amusent,
Hermès a créé l'arme,
Pour calmer les larmes,
Faire pleurer les dames,
Et rendre guerre calme,
Je ne réfléchis pas à ce que je dis,
Ma lyre a l'habitude de m'adoucir,
Hypocrites j'attends que vous appreniez à lire,
La critique est facile à celui dans son lit,

Équinoxe de l'amour

On nous forcera à être libre,
Ils ignorent que mes cordes sont hors calibres,
Femmes et hommes disparaissez de mes passions,
Je n'ai qu'une ambition,
Partir sur mon char solaire,
Et que sans moi vous soyez sans repère,
Prenez-vous en à celui qui m'a mis en colère,
Aujourd'hui ma poésie se libère,
Personne n'a besoin d'aimer,
L'eau fraîche est suffisante,
Ce qui vous perd est votre suffisance,
Il suffit, je ne tolère plus,
Votre manière de prôner le manque de temps,
Personne ne naît au printemps,
Peu importe que cela vous ait plu,
Retournez devant votre télévision,
L'oracle de Delphes distribue ses visions,
Mais sachez qu'elles sont tragiques,
Il est vrai qu'il n'y a rien de magique,
L'amour ne se trouve pas dans un pré,
Peu importe que vous vous informiez,
Trahissez-vous l'honneur des poètes,
Souvenez-vous qu'il y a des restes,
L'art n'est pas sur une croix,
Mais la gloire est en à la foi,
Votre confiance n'a de concurrence,
Que la voisine d'à côté,
Et vous arrivez à la rendre rance,

Équinoxe de l'amour

En quoi puis-je me lier,
Ces Hommes qui n'en ont que le nom,
Ma lyre et moi partageons le même son,
Pas sur la même longueur d'onde,
Ce wifi nous inonde,
Plus simple de se vendre derrière un écran,
Plus simple de ne chercher que des plans,
Je vous pardonne les émotions, pas pour vous,
On a vu un automate plus émotif,
Alors continuez de laisser rentrer le loup,
Pour vous interroger sur qui sont les fautifs,
L'amour est mort,
Plus personne ne croyait en lui,
Lamartine reste sur ton lac,
Plusieurs ont décrété qu'il n'était plus possible,
Je pends ma lyre à mon épaule,
Lui bandant les yeux,
Il faut préserver son rôle,
De tous vos jeux.

Après y avoir cru

Je parlerai de moi,
Tu écouteras mon passé,
Tes perles contemplant l'amour d'un roi,
Si seulement j'avais su ce qu'était d'aimer.

Risquer des liens d'or,
Sans jamais chercher cette foudre,
Au seul prétexte de rendre vie un mort,
De mon cœur espérons que tu apprennes à coudre.

Étincellent tes yeux,
Des rêves éperdus d'une femme,
Comment croire à un Dieu dans ces cieux,
Alors que c'est toi qui a ravivé ma flamme.

J'ai cru en mon destin,
À te faire rire chaque jour,
Sentant l'électricité de tes seins,
Enfin compris ce qu'était de faire l'amour.

Chaque minute ont été des malheurs,
Toi pour passer dans la tranquillité des heures,
Tu n'es pas celle que j'ai toujours attendue,
Plutôt celle que je n'attendais plus.

Équinoxe de l'amour

1 an de dissonance

Ici se clôt ces quatre vents,
Mes secrets, et espoirs d'enfant,
J'en reviens à celle qui a tout.

Vous ne savez l'électron qu'elle était,
Frôlant ma joue, Ronsard en apprenait,
D'être le plus terribles des jaloux.

S'inverse le temps et la poésie,
Quand la foudre s'élève de la terre,
Je ne me voyais pas faire carrière,
La roue tourne et ces passants nous envient.

Je fonctionnais au labeur et aux pleurs,
Un soir tu m'as partagé tes orages,
Ma vie devenait dès lors un outrage,
À ce qui pourrait être tes malheurs.

Tu m'as amené à me lasser d'être heureux,
Et je rêve encore de me réveiller,
À m'endormir tous mes beaux jours à tes côtés,
Tu n'étais qu'un ange voulant jouer à un jeu.

Danse avec tes rires, moi ta vie je contemple,
Continue, j'aime ça, m'éprendre, de tes yeux,

Équinoxe de l'amour

Ceux qui me font croire que je suis un Dieu,
Scève ne sait décrire ce sourcil qui tremble.

1 an de nous sont plus vastes que la folie,
Nous avons été tristes mais plus souvent souri,
Garde tout ce que je suis dans tes bras.

Coule une larme de joie, je ne me savais,
De tes écumes célestes, tant dépendant,
Je t'offre tous les sentiments en moi.

Équinoxe de l'amour

Table des matières

Équinoxe de l'amour

ARTHUR CELETTE est un jeune auteur, actuellement en licence de Lettre classique. Il est déjà un écrivain prometteur, porteur d'un essai philosophique *La Construction D'un Homme* publié en 2018. Il se présente comme un esprit libre qui ne veut rentrer dans une case, mis à part celle de la littérature dans sa totalité. Avant tout passionné de livre, il a découvert la lecture avec Jules Verne et *Voyage au centre de la Terre*, et s'initiera à l'écriture au collège où il débutera notamment par la poésie. Une forme d'art qu'il apprécie particulièrement pour la liberté qu'elle offre, et pour l'infinité de message qu'elle peut transmettre.

Équinoxe de l'amour